INVENTAIRE.
X 22,151

AF592011

GRAMMAIRE GRAPHIQUE.

Tous les exemplaires seront revêtus de la signature de l'auteur pour prévenir toute contrefaçon.

ABRÉGÉ
DE LA
GRAMMAIRE GRAPHIQUE
A L'USAGE
DES COMMENÇANS
SUIVIE
DE TABLEAUX
EXPLICATIFS,

PAR G.-M. CAMPREDON.

2me EDITION,
considérablement augmentée.

Limoux,
Imprimerie de FRANC, Rue des Augustins 29.

1842

PRÉFACE.

En mettant sous les yeux du public notre Grammaire Graphique, nous ne croyons pas lui exposer une méthode d'enseignement à laquelle on puisse attribuer le titre de *nouvelle invention :* nous ne mettons au jour qu'un Abrégé des principes généraux et communs à toutes les langues sans leur faire éprouver aucun changement ; tout reste sous le même point de vue, et tout ne consiste qu'à mettre en mouvement la réflexion de l'Elève. Dans notre procédé, nous distinguons les mots par des signes de convention où chacun a sa physionomie particulière, et qui, par une sorte de livrée, attestent aux yeux et à l'ouïe leur dépendance et leurs fonctions.

D'après ce nouveau système dont les élémens ont toujours existé, il est surprenant que la Géométrie et le Dessin Linéaire, n'aient pas réveillé l'idée de mettre en pratique ce que nous faisons observer aujourd'hui ; d'ailleurs, on est bien convaincu qu'il y a certaines idées qui ne peuvent être facilement comprises que lorsqu'elles sont rendues matérielles, tant il est vrai que les objets qui tombent sous le sens de la vue font beaucoup plus d'impression que les mots qui représentent ces mêmes objets ; l'écriture en est une preuve bien sensible : on sait qu'elle n'est formée que par des signes de convention qui représentent la parole, et s'il est bien compris qu'ils facilitent l'intelligence des choses, employons des objets qui représentent les mots en usage pour l'étude de la langue que nous voulons enseigner.

N'est-il pas évident que les points de formes diverses et les signes de toutes couleurs employés dans les cartes géographiques ne sont que des signes indiquant des limites, des routes, des rivières, ou autres objets ? n'est-il pas authentique que ces signes servent puissamment à l'étude de la géographie en facilitant les explications du professeur dont les principes frappent la mémoire et parviennent à l'intelligence de l'élève par les moyens simultanés de l'ouïe et de la vue?

Grammairiens, Littérateurs, les plus grands Philosophes de l'Antiquité, comme ceux de nos jours, ont toujours proclamé cette vérité, que *les connaissances qu'on perçoit par les yeux se gravent plus profondément dans l'esprit que celles qu'on perçoit par l'ouïe.*

Pénétré de cette vérité incontestable, et du désir d'être utile, nous avons — après six ans de recherches — mis à l'épreuve tout ce qui nous a paru convenable pour faciliter l'intelligence de ceux qui se préparent à la connaissance des principes de la Langue Française.

D'après notre expérience, et l'approbation des personnes éclairées, ce mode d'enseignement ne se bornera plus, pour l'élève, à une routine de mots confiés à une mémoire stérile qui ne parle jamais à la raison.

OBSERVATIONS.

Chaque espèce de mot ou partie du discours est représentée par une figure particulière :

Le *Substantif*, par un triangle isoscèle ;

L'*Article*, par un rectangle.

L'*Adjectif*, par un carré parfait ;

Le *Pronom*, par un losange ;

Le *Verbe*, par un polygone ; les temps simples sont représentés par des carrés, et les temps composés par des triangles ;

Le *Participe*, par une figure quadrangulaire tronquée par un angle interne.

La *Préposition*, par un parallélogramme ;

L'adverbe, par un triangle inséré dans un parallélograme.

La *Conjonction*, par des circonférences ;

Et enfin, l'*Interjection*, par une pyramide.

Les numéros inscrits sur les figures indiquent les propriétés et les variations des mots ; par exemple : le numéro 1 est destiné à la définition générale du *Substantif commun* ; le numéro 2 représente le genre masculin, et le numéro 5 représente la règle générale pour la formation du pluriel : ici le caractère distinctif de ce dernier principe est le S, parce que la plupart des substantifs sont terminés au pluriel par ce caractère : on écrit au singulier un *arbre*, et au pluriel, des *arbreS*.

« Les premières connaissances qu'on
» perçoit par les yeux se gravent plus
» profondément dans l'esprit que cel-
» les qu'on perçoit par l'ouïe. »

INTRODUCTION.

En PARLANT ou en ÉCRIVANT on exprime ses pensées par des MOTS : ordinairement ils sont formés par les SONS de la voix ou par des CARACTÈRES qu'on appelle *lettres*.

Les mots sont des signes de nos pensées et l'écriture n'est que le signe représentatif de la parole.

Rappelons-nous que les dix espèces de mots dont notre langue est formée ne sont que les principaux instrumens de la manifestation de nos idées ; ce n'est qu'après avoir approfondi les connaissances de leur emploi, que nous pouvons acquérir des principes qui conduisent à des notions universelles.

GRAMMAIRE

GRAPHIQUE.

DU SUBSTANTIF.

PREMIÈRE PARTIE DU DISCOURS.

Tout ce qui est dans l'univers est SUBSTANTIF ou NOM.

Cett partie du discours n'a d'existence que dans notre esprit et rappelle l'idée d'un objet dont on ne voit que l'essence ; en effet, lorsque nous voyons un ARBRE nous n'apercevons qu'un corps matériel qui frappe le sens de la vue, au lieu que le nom de ce corps n'est connu que dans l'entendement, et ne peut être vu que par notre esprit.

Cette sorte de mot a le premier rang dans le discours parce que l'état ou l'action exprimée par d'autres mots sont toujours sous sa dépendance.

Le substantif est susceptible d'avoir plusieurs qualités différentes et désigne toujours des objets de la même espèce, soit en général, soit en particulier.

On l'appelle SUBSTANTIF parce qu'il dérive de substance, et on l'appelle NOM parce qu'il sert à nommer les personnes et les choses.

Il y a deux sortes de Substantifs, le Substantif *commun* et le Substantif *propre*,

SUBSTANTIF COMMUN.

(Voir le numéro 1 de la première figure représentant cette sorte de Substantif).

1. Le Substantif est commun , lorsqu'il désigne des objets d'une même espèce ou qu'il convient à tous ces objets, par exemple, le mot ARBRE est un substantif commun parce qu'il désigne une quantité de corps de la même forme et de la même espèce.

EXERCICE. (*)

Le JUGEMENT est un ACTE par lequel on juge sur la CONVENANCE ou la DISCONVENANCE des IDÉES comparées entr'elles dans notre ESPRIT. Il y a deux SORTES de JUGEMENS, le POSITIF et le NÉGATIF.

DU GENRE.

(Le Genre fait partie du numéro 2 et du numéro 3. — Le Masculin est en haut et le Féminin en bas.)

Les Substantifs sont du genre masculin ou du genre féminin.

GENRE MASCULIN.

2. Le Substantif est du genre masculin quand on peut mettre UN ou LE avant le Substantif: UN HOMME, UN CHEVAL; LE SOLEIL, LE JOUR.

(*) Dans cet exercice les Substantifs communs sont écrits en lettres majuscules.

GENRE FÉMININ.

3. Le Substantif est du genre féminin quand on peut mettre UNE ou LA avant le Substantif : UNE MAISON, UNE TABLE, LA NUIT, LA SAGESSE.

DU NOMBRE.

(Le Nombre fait partie du numéro 4 et du numéro 5. — Le Singulier est à gauche et le Pluriel à droite).

Le Nombre désigne l'unité ou la pluralité des objets. Il y a donc deux sortes de Nombres, le singulier et le pluriel.

NOMBRE SINGULIER.

4. Le Substantif est au singulier lorsque nous parlons d'un seul objet : un VALLON, une MONTAGNE, une CROIX, mon FILS, un MARTEAU, un TUYAU, mon NEVEU, le NEZ, le DISCOURS, un ARBRE.

NOMBRE PLURIEL.

5. Le Substantif est au pluriel lorsque nous parlons de plusieurs objets : les VALLONS, les MONTAGNES, les CROIX, mes FILS, les MARTEAUX, les TUYAUX, mes NEVEUX, les NEZ, les DISCOURS, des ARBRES.

OBSERVATIONS.

On ne perdra pas de vue que la plus grande partie des Substantifs sont terminés au pluriel par un S : les HOMMES, les FEMMES, les ARBRES les TABLES, c'est ce qu'on appelle la *Règle générale.* Ce principe a cependant plusieurs exceptions; par exemple, ceux qui sont terminés au singulier par un S, ou par un X, ou par un Z, ont la même terminaison au pluriel.

Les Substantifs terminés au singulier par AU, par EU et par EAU, sont tous terminés au pluriel par un X.

Ceux qui sont terminés au singulier par AL, les uns suivent la règle générale et d'autres s'en écartent; on écrit au singulier, un CAL, un RÉGAL, un BAL, etc., et au pluriel, des CALS, des RÉGALS, des BALS.

On écrit au singulier, un CHEVAL, un TRIBUNAL, etc., et au pluriel, des CHEVAUX, des TRIBUNAUX, etc.

SUBSTANTIF COMMUN.

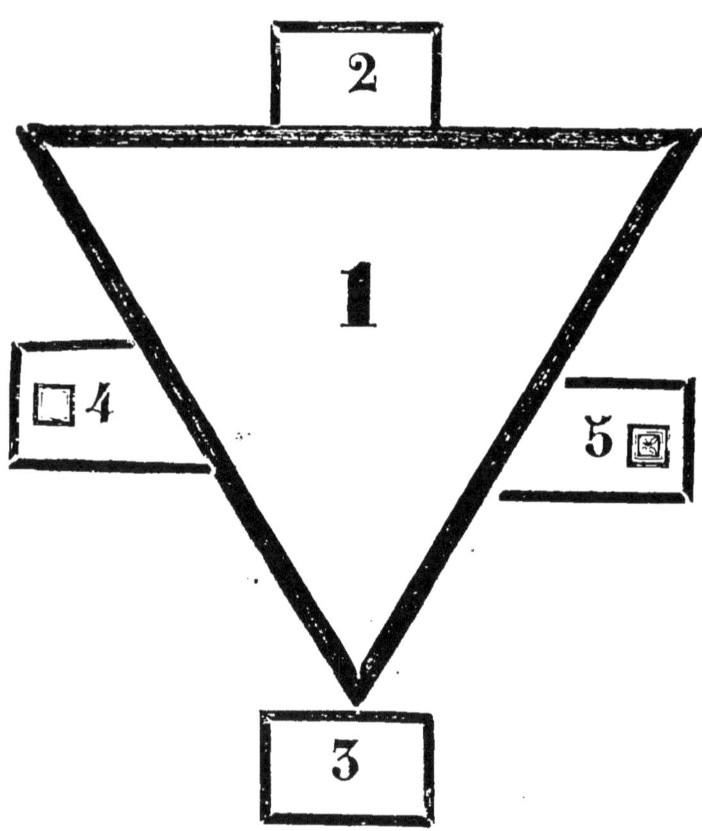

SUBSTANTIF PROPRE.

6. Le Substantif propre ou Substantif individuel désigne un seul individu de la même espèce, c'est-à-dire, que cette sorte de Substantif ne convient absolument qu'à une seule personne ou à une seule chose : les mots VIRGILE, PARIS, le RHONE, sont des substantifs propres; le premier désigne un seul homme ; le second, une seule ville ; et le troisième, une seule rivière. Si, cependant, plusieurs individus s'appelaient VIRGILE, celui-ci s'approcherait en quelque sorte de la classe des Substantifs communs et il faudrait y joindre un autre nom pour désigner un seul individu.

7. Les Substantifs propres des personnes d'une même famille ne prennent jamais la marque du pluriel lorsqu'on désigne des individus sous le nom de leur talent ou de leurs actions particulières : ici ces qualités sont sous-entendues, lorsqu'on dit les CORNEILLE, on sous-entend le mot POÈTES : c'est comme si l'on disait les poètes qui s'appelaient Corneille ; *descendant des* SCIPION, *Cornélie avait toute la grandeur d'âme des héros de sa race,*

8. Les Substantifs propres prennent la marque du pluriel lorsqu'il s'agit d'une collection d'individus d'une même famille, des partisans d'un homme célèbre et de tout un peuple formant une nation : les *Capétiens*, les *Bourbons*, les *Calvinistes*, les *Polonais*, les *Francs*, etc.

Ces noms ressemblent à des Substantifs propres, mais strictement parlant, ce ne sont que des Substantifs communs parce qu'ils forment dans notre esprit une classe à part et différente des autres espèces d'êtres ; il en est de même quand on compare à un homme célèbre des personnes qui ont le même talent : la France a eu ses *Césars*, c'est-à-dire, des hommes qui avaient le même talent de CÉSAR.

EXERCICE.

CATHÉRINE DE MÉDICIS opposa les *Bourbons* aux *Guises*. Les *Guises*, afin de gagner les catholiques, publièrent que le complot avait eu pour but de changer la religion. Les peuples les plus connus de l'histoire ancienne sont les *Hébreux*, les *Egyptiens*, les *Phéniciens*, les *Indiens*, les *Chinois*, les *Japonais*, les *Scytes*, les *Assyriens*, les *Perses*, les *Grecs*, les *Romains*, les *Gaulois*, les *Belges*, etc.

Les peuples les plus connus de l'histoire du moyen-âge, sont les *Huns*, les *Germains*, les *Goths*, les *Visigoths*, les *Ostrogoths*, les *Alains*. les *Suèves*, les *Bourguignons*, les *Francs*, les *Arabes* ou *Sarrasins*, etc. Les peuples de l'histoire moderne sont les *Turcs* d'Europe, les *Américains*, les *Hollandais*, les *Prussiens*, les *Saxons*, les *Bavarois*, les nouveaux *Grecs*, etc.

SUBSTANTIF PROPRE.

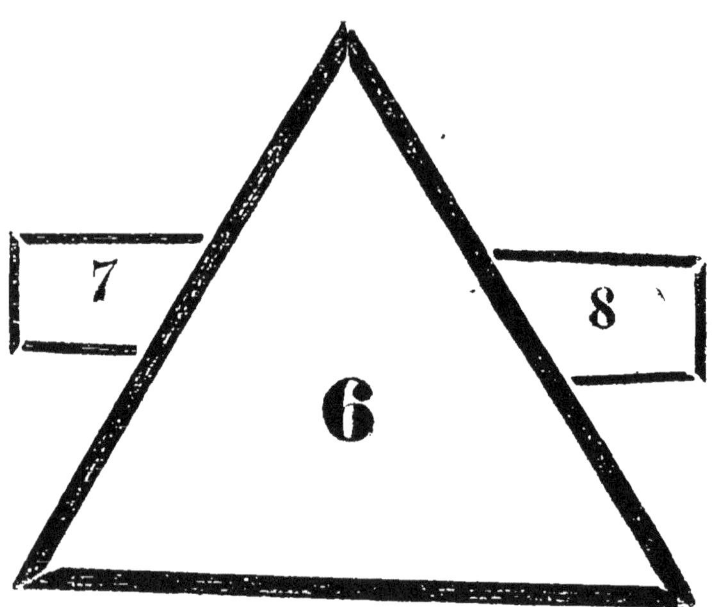

DE L'ARTICLE.

DEUXIÈME PARTIE DU DISCOURS.

L'Article est toujours placé avant le substantif commun : LE BONHEUR, LA TABLE. Dans certaines phrases cette partie du discours exprime une idée générale : LE CHEVAL est utile; ici on désigne toute l'espèce des chevaux. LA MODESTIE plaît à tout le monde, tandis que LA PRÉSOMPTION et L'ORGUEIL révoltent tous LES ESPRITS.

EXERCICE.

Une proposition est L'expression d'un jugement : elle a trois parties principales, LE Sujet, LE Verbe et L'Attribut; LE Sujet est L'objet principal de LA pensée; LE verbe, marque LA convenance ou LA disconvenance; et L'attribut, exprime LA manière d'être DU sujet.

ARTICLE SIMPLE.

9. L'article LE se met avant un subsantif masculin singulier : LE CHEVAL; l'Article LA est placé avant un substantif féminin singulier : LA DÉCOMPOSITION; l'Article LES est placé avant les substantifs pluriels, soit masculins, soit féminins : LES ROSIERS, LES ROSES.

EXERCICE.

L'analyse logique est LA décomposition des phrases en propositions, c'est ce qu'on appelle

L'analyse de LA pensée : quand on dit *Dieu est juste*, on exprime un jugement et l'on juge que LA qualité de juste convient à Dieu, c'est-à-dire, que l'on attribue à Dieu LA qualité d'être juste.

OBSERVATIONS.

Lorsqu'un substantif commence par une voyelle ou un H muet et qu'il est placé immédiatement avant l'article LA, on remplace la dernière lettre de cet article par une apostrophe : on écrit *L'analyse* pour *LA analyse*, *L'histoire* pour *LA histoire;* il en est de même à l'égard de l'article LE : *L'esprit* pour *LE esprit*, etc.

ARTICLE COMPOSÉ.

10. Cette sorte d'article est formée de deux parties du discours, d'une préposition et d'un article simple : AU est formé de la préposition *à* et de l'article LE : il est AU collége pour A LE collége. DES, est formé de l'article LES et de la préposition DE : cette personne avait DES yeux pénétrans. DU, est formé de la préposition DE et de l'article LE. AUX, signifie A LES. Henri VIII, roi d'Angleterre, se sépara DU Saint-Siége et se fit déclarer chef suprême de l'église anglicane (1182).

L'ordre DES Jésuites fut fondé sous le règne de François Ier, par Ignace de Loyola (1540).

EXERCICE.

Récapitulation de l'Article simple et de l'Article composé.

L'histoire profane se divise en trois époques :

L'histoire ancienne, L'histoire DU moyen-âge et l'histoire moderne.

L'histoire ancienne commence avec LE monde et finit à LA destruction de L'empire d'Occident, L'an 476 après Jésus-Christ.

L'histoire DU moyen-âge commence à LA destruction de L'empire d'Occident et finit à LA prise de Constantinople par LES Turcs en 1453; elle se divise en quatre époques : de L'irruption DES Barbares DU nord (476) à Mahomet en 622; de Mahomet à Charlemagne en 800; de Charlemagne AUX Croisades en 1095; DES Croisades à LA prise de Constantinople en 1453.

L'histoire moderne comprend LE temps écoulé depuis LA prise de Constantinople jusqu'à nos jours; elle se divise en six époques : de LA prise de Constantinople à LA découverte de L'Amérique en 1492; de LA découverte de L'Amérique à Louis XIV en 1643; de Louis XIV à LA Révolution française en 1789; de LA Révolution française à Bonaparte en 1804; de Bonaparte à LA Restauration en 1814; et de LA Restauration à LA Révolution de juillet en 1830.

LES principaux gouvernemens sont : LE républicain, lorsque LE pouvoir est administré par plusieurs; LE démocratique, lorsque LA nation est gouvernée par ses mandataires; L'aristocratique, lorsque LE pouvoir réside dans un corps qui se renouvelle par succession; LE monarchique, lorsque LE pouvoir est confié à un seul homme sous LE titre d'Empereur, de Roi, etc. : s'il n'a d'autres lois que sa volonté, il est despotique; si LE pouvoir est partagé, il est représentatif ; s'il est fondé sur DES lois, il est constitutionnel.

DES SARRASINS.

LES Sarrasins d'escendaient d'Abraham par Ismaël fils d'Agar ; mais pour se donner une origine plus noble, ils se sont nommés Sarrasins, comme s'ils eussent été enfans de Sara. Ces peuples habitaient L'Arabie lorsqu'en 622 Mahomet LES réunit et leur fit embrasser sa nouvelle religion.

LE prétendu prophète, se disant inspiré de Dieu, arma ses nouveaux prosélytes et remporta de brillantes victoires. Réunissant en sa personne LE pouvoir civil et LE pouvoir religieux, il fonda L'empire DES Arabes, et mourut AU milieu de ses conquêtes.

DES GOTHS. (3me *siècle*)

Ces peuples habitèrent d'abord LES environs de LA mer Baltique ; de là ils passèrent dans LA petite Scytie, AU nord DU Pont-Euxin et se firent Ariens ; ils s'attachèrent à L'empire D'Orient et commencèrent à porter DES coups terribles à L'autorité romaine.

DES HUNS. (4me *siècle*)

Ces peuples, sortis DU nord de LA Chine, s'avancèrent vers LE Danube, et provoquèrent ces déplacemens violens DES habitans DU nord qui causèrent LA ruine de L'empire. Après quelque séjour dans LES contrées septentrionales de L'Allemagne, ils continuèrent leur marche vers LE centre de L'empire romain.

ARTICLE SIMPLE.

ARTICLE COMPOSÉ.

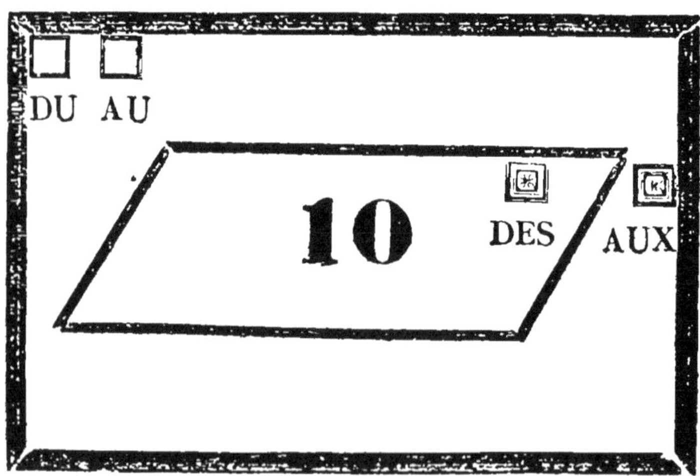

DE L'ADJECTIF.

TROISIÈME PARTIE DU DISCOURS.

La plupart des mots ont souvent besoin d'être unis à d'autres pour exprimer des modifications ou pour en recevoir.

L'Adjectif, qui est le plus important à ce sujet, a la propriété de qualifier le substantif; il rend l'idée plus complète et distingue un objet détaché de tout autre.

L'Adjectif suppose toujours un objet exprimé ou sous-entendu et s'accorde en genre et en nombre avec le mot auquel il se rapporte; c'est-à-dire, que si le substantif est au féminin et au singulier, l'Adjectif doit être aussi au féminin et au singulier, etc., comme dans l'exemple suivant :

La plus CRUELLE TYRANNIE est celle que l'on exerce à l'ombre des lois et avec les couleurs de la justice; ici l'Adjectif CRUELLE est au féminin parce que TYRANNIE est au féminin; l'hypocrite est UN FLÉAU dans la société : ici c'est comme si l'on disait l'HOMME HYPOCRITE est UN FLÉAU dans la société.

Il y a DEUX sortes de propositions : la proposition PRINCIPALE et la proposition INCIDENTE. Il y a DEUX sortes de propositions PRINCIPALES : la principale ABSOLUE et la principale RELATIVE.

Il y a DEUX sortes de propositions INCIDENTES : l'incidente DÉTERMINATIVE et l'incidente EXPLICATIVE.

EXERCICE.

Le jargon INSIGNIFIANT et PÉDANTESQUE a l'avantage de cacher la rouille de l'ignorance sous UN CERTAIN vernis de savoir. UNE phrase est CORRECTE ou INCORRECTE, CLAIRE ou OBSCURE, ELEGANTE ou COMMUNE, SIMPLE ou FIGUREE; UNE proposition est VRAIE ou FAUSSE, JUSTE ou INJUSTE, etc.

ADJECTIFS DETERMINATIFS.

Ces sortes d'Adjectifs expriment la manière d'être du substantif plus particulièrement que celle de l'Adjectif qualificatif: « TOUS les jours dans les MEMES CIRCONSTANCES, avec les MEMES QUALITÉS et la MEME CONDUITE, l'un est applaudi et l'autre censuré ».

Nous avons TROIS CENT DIX FRANCS; ils ont TROIS CENTS FRANCS; CETTE MAISON est grande; VOS AMIS sont heureux. Il y a dans UNE PHRASE autant de propositions qu'il y a de verbes à UN MODE personnel. QUELLE CONSOLATION, QUELLES sont VOS PLAINTES, QUELQUES MOTIFS, QUELQUE CHOSE. QUELQUES RAISONS, QUELQUES grandes QUALITÉS.

ADJECTIF DÉMONSTRATIF.

11. Cette sorte d'Adjectif exprime une idée d'indication ou de démonstration, mais rien n'indique que le substantif appartienne à telle ou

à telle personne : CE CHEVAL est beau ; CES ARBRES sont bien exposés ; toutes CES MAISONS vous appartiennent.

EXERCICE.

On appelle *raison* CETTE LUMIÈRE qui nous découvre les principes des choses et les règles des mœurs. On appelle *conscience* CE JUGEMENT intérieur par lequel l'homme prononce lui-même sur la bonté ou la malice de ses actes.

ADJECTIF POSSESSIF.

12. Cette sorte d'Adjectif exprime une idée de possession : cette grande nation après avoir fondé lentement SA PUISSANCE et développé SES INSTITUTIONS, va se trouver aux prises avec l'adversité. Honorez VOTRE PÈRE et VOTRE MÈRE, afin que vous viviez long-temps sur la terre.

EXERCICE.

L'homme trouve en Dieu un créateur qui l'a tiré du néant, un père qui fournit à SES BESOINS, un consolateur qui adoucit SES PEINES, un bienfaiteur qui le comble de biens, un protecteur qui menace des plus terribles châtimens ceux qui voudraient attenter à SA VIE, à SON HONNEUR, à SES BIENS.

N'est-ce pas une preuve irrécusable du sentiment de l'existence de Dieu, que ce besoin et ce penchant irrésistible qui nous porte à invoquer dans le malheur et à appeler à NOTRE SECOURS un Etre bon, juste et fort, arbitre souverain de NOS DESTINÉES, capable de nous préserver des revers qui nous menacent ou de nous donner la force de les supporter ? N'est-ce pas encore cette même voix de la conscience qui nous dit de rendre grâce à Dieu toutes les fois que NOS DÉSIRS s'accomplissent ?

Il n'y a point de société sans devoirs réciproques entre SES MEMBRES ; point de devoirs sans lois qui les imposent ; point de lois sans législateurs ; point de législateurs sans Dieu, car Dieu seul peut donner à des hommes le droit de commander aux hommes.

Un monde sans Dieu ne serait qu'un chaos, la force y serait sans frein, le vice sans châtiment, la vertu sans récompense, ou plutôt, il n'y aurait ni vice, ni vertu ; enfin, il régnerait dans ce monde une anarchie complète, dont l'intérêt particulier du moment serait la seule loi.

ADJECTITIF DEMONSTRATIF.

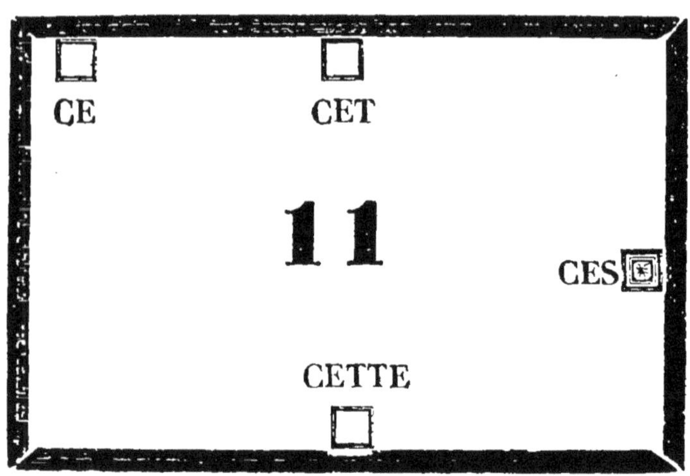

ADJECTIF POSSESSIF.

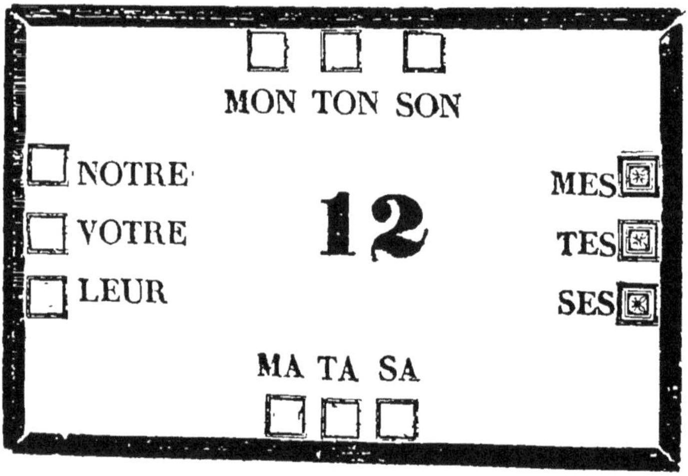

MON TON SON

NOTRE
VOTRE
LEUR

12

MES
TES
SES

MA TA SA

ADJECTIF INDEFINI.

13. Ces sortes d'adjectifs expriment un sens vague et général : les hommes ont toujours professé une religion et reconnu une divinité ; mais tous ne l'ont pas adorée de la MÊME manière, ce qui a donné lieu à PLUSIEURS religions. Les Alains, originaires du Caucasse, se rencontrèrent avec les Vandales dans PLUSIEURS expéditions.

Les anciens ne croyaient pas qu'il y eût un AUTRE monde.

ADJECTIF NUMERAL.

14. Les Adjectifs numéraux se divisent en deux sortes; les uns expriment le nombre, et d'autres expriment le rang : UN, DEUX, TROIS, etc., expriment le nombre; PREMIER, SECOND ou DEUXIEME, TROISIEME, etc., expriment le rang ou l'ordre. Childéric, fils de Mérovée, n'avait que VINGT-DEUX ANS, l'orsqu'il parvint au trône. Ce fut de la main de Néron que sortit le PREMIER édit de persécution contre les chrétiens.

EXERCICE.

Récapitulation des quatre sortes d'Adjectifs déterminatifs.

HISTOIRE.

Si nous connaissons QUELQUE chose de certain sur les PREMIERS âges du monde, les livres de Moïse nous l'ont appris.

Lorsque les descendans de Noé se furent prodigieusement multipliés dans les contrées centrales de l'Asie, CES plaines devinrent insuffisantes toutes fécondes qu'elles étaient.

Alors CHAQUE chef de famille ou de tribu se jeta dans une direction différente, et s'attacha aux lieux qui lui paraissaient le plus en harmonie avec SES besoins, SON génie et SES mœurs.

UN souvenir confus de CETTE émigration s'est conservé dans la tradition des peuples : TOUS se disent originaires d'Orient, TOUS ont gardé QUELQUES racines de leur langue primitive, QUELQUE vague récit de l'histoire de leur patrie; souvent même, LEUR mythologie n'est qu'UNE corruption des dogmes hébreux qu'ils ont défiguré par MILLE fables extravagantes.

INSTRUCTION MORALE.

Le remords est UN reproche que l'homme se fait à lui-MÊME, parce qu'il sent qu'il devait obéir à la loi, et qu'il l'a violée librement.

Voyons maintenant ce que nous dira le *sentiment* : on parle sans cesse de la nature; mais où la trouverez-vous, sinon dans CES impressions, CES inclinations universelles, uniformes dont les hommes ne peuvent se dépouiller, qui, plus rapides que le raisonnement, préviennent TOUTE réflexion, et dominent l'espèce humaine TOUTE entière? C'est de là que vient le sentiment d'adoration envers la Divinité, de la piété filiale, de l'amour de la patrie, de la pitié pour les malheureux, de l'admiration pour les actions généreuses. Au milieu de la diversité de LEURS lois, de LEURS mœurs, de LEURS habitudes, TOUS les peuples de la terre ont senti qu'on doit honorer SES parens, que l'ingratitude est UN vice, qu'il faut être fidèle à SA parole, qu'il est beau de supporter le malheur avec courage; qu'on est louable de secourir l'infortune; que nul ne doit faire à autrui ce qu'il ne voudrait pas lui être fait.

Sans doute, CE sens moral qui, avant TOUTE réflexion, nous fait discerner le bien du mal, peut être affaibli, vicié et presque éteint, quelquefois par l'ignorance, par les passions enracinées, par les impressions contraires des longues habitudes; mais la corruption de l'homme ne détruit pas plus la morale que les faux raisonnemens ne détruisent le sens commun.

L'homme est UN être naturellement raisonnable, moral, religieux. Vous le trouverez plutôt dépouillé de TOUTE intelligence que dépourvu de TOUTE notion de justice et de vertu. Si haut que l'on remonte dans l'antiquité, on voit toujours les hommes en possession de croire à QUELQUES maximes de religion et de morale.

Adam sortit des mains du Créateur dans l'état de maturité; il ne naquit pas en enfant, dans la faiblesse et l'ignorance du PREMIER âge; il parut sur la terre homme fait, jouissant, dès le PREMIER moment, de SON existence, de TOUTES les facultés du corps et de l'esprit. Il arriva avec des connaissances TOUTES formées dans SON esprit, avec des sentimens religieux dans son cœur, avec une langue TOUTE faite pour exprimer SES idées. Il trouva en lui la connaissance de Dieu, SON créateur; des notions d'ordre et de vertu, l'amour du bien, UNE intelligence qui s'élevait jusqu'à l'auteur de SON être, UNE volonté animée du désir de lui plaire, et sans doute, SON PREMIER sentiment fut celui de la reconnaissance et de l'amour. Ce qu'il avait reçu de Dieu MEME, ce qu'il savait, il le transmit à SES enfans, qui, à LEUR tour, le laissèrent comme UN héritage aux générations suivantes.

ADJECTIF INDÉFINI.

TOUT
CERTAIN
QUELS
QUELCONQUE
13
PLUSIEURS
CHAQUE
TELLE
AUCUNE
QUELLES

ADJECTIF NUMÉRAL

LE NOMBRE.		LE RANG.
Un.		Premier.
Deux.	**14**	Second *ou* Deuxième.
Trois,		Troisième.

ADJECTIF QUALIFICATIF.

Cette sorte d'adjectif exprime des qualités bonnes et mauvaises ; comme GRAND, INDIGNE, INSOLENT, etc. Ordinairement celui qui est INSENSIBLE n'est pas ELOQUENT ; il ne peut être qu'un VAIN et FROID déclamateur.

DU GENRE.

15. Les adjectifs qualificatifs sont tous terminés au féminin par un E muet : cette personne est GRANDE, HONNÊTE, SOUFFRANTE, etc.

16. Les adjectifs terminés au masculin par un E muet ont la même terminaison au féminin, c'est ce qu'on appelle adjectifs de tout genre : un homme HONNÊTE, une femme HONNÊTE, etc.

17. Quelques substantifs, comme POÈTE, CENSEUR, ECRIVAIN, SOLDAT, DOMESTIQUE, ORATEUR, AUTEUR, IMPRIMEUR, etc, deviennent accidentellement adjectifs lorsqu'ils expriment un état exercé par les hommes ou par les femmes ; dans ce cas, ils s'écrivent au masculin comme au féminin : *cette demoiselle était* ORATEUR, PEINTRE, GRAVEUR et PHILOSOPHE.

DU NOMBRE.

Quant à la formation du pluriel elle est à peu près la même que celle des substantifs : un homme GRAND, des hommes GRANDS ; un homme COURAGEUX, des hommes COURAGEUX.

18. On écrit au singulier IMPARTIAL, NUMÉRAL, BRUTAL, et au pluriel IMPARTIAUX, NUMÉRAUX, BRUTAUX, etc.

19. On écrit au singulier un instant FATAL, et au pluriel des instants FATALS.

DES TROIS DEGRÉS

DE SIGNIFICATION.

20. Les adjectifs qualifient les substantifs ou absolument, c'est-à-dire, sans aucun rapport à d'autres objets, ou relativement, c'est-à-dire, avec un rapport à d'autres objets, ce qui établit les trois degrés de signification : le POSITIF, le COMPARATIF et le SUPERLATIF.

DU POSITIF.

Ce degré de signification n'exprime aucun rapport à d'autres objets, il est comme la première pierre qui sert de fondement : ce JEUNE prince VAILLANT et MODESTE, RICHE et LABORIEUX, fut élevé par une GRANDE infortune à l'école du malheur.

DU COMPARATIF.

Le Comparatif est l'adjectif avec comparaison : il y a entre les objets que l'on compare, ou un rapport de *supériorité*, ou d'*infériorité*, ou d'*égalité*.

COMPARATIF DE SUPÉRIORITÉ.

On forme ce Comparatif en mettant PLUS avant l'adjectif : les rois *fainéans* de la première dynastie *française* avaient une noblesse PLUS ANCIENNE que celle de Clovis et de Mérovée leurs premiers ayeux.

COMPARATIF D'INFÉRIORITÉ.

On forme ce Comparatif en mettant MOINS ou SI avant l'adjectif : les Gaulois étaient *sobres*, *courageux*, sans pitié pour les vaincus. La honte de ne pouvoir vaincre les rendaient *furieux* : souvent au milieu des combats, lorsque leurs épées étaient brisées, ils se jetaient sur leurs ennemis pour les étouffer dans leurs bras. Les femmes n'étaient pas MOINS COURAGEUSES que leurs époux : elles les suivaient à la guerre, les animaient dans l'attaque, partageaient leurs périls et les arrêtaient dans leur fuite par des reproches *sanglans*.

COMPARATIF D'EGALITE.

On forme la comparaison d'égalité en mettant AUSSI ou AUTANT avant l'adjectif : Octave, TIMIDE soldat, FAIBLE orateur, général MÉDIOCRE AUSSI CRUEL que Marius et Sylla, soumit Rome à son joug. La critique d'un ignorant est AUSSI UTILE que l'approbation d'un homme instruit.

DU SUPERLATIF.

La qualité est au superlatif lorsque l'adjectif exprime un très-haut degré, ce qui forme deux espèces de superlatifs : l'un *absolu* et l'autre *relatif*.

SUPERLATIF ABSOLU.

Cette sorte de superlatif n'a aucun rapport à d'autres objets; on le forme en mettant *fort*, *très*, *infiniment*, etc. avant l'adjectif : Auguste est TRÈS SAGE; il est ABSOLUMENT UTILE de savoir que le sujet et l'attribut sont simples ou composés. « Il est des caractères qui sont comme CERTAINS corps dans la chimie, TRÈS BONS en soi, mais qui jamais ne s'amalgament avec d'autres ; il est des personnes dont l'amitié est TROP DIFFICILE à acquérir ; c'est assez de ne pas les avoir pour ennemis. »

SUPERLATIF RELATIF.

Le superlatif relatif est en rapport avec d'autres objets et exprime une qualité dans le plus haut degré, mais avec rapport à un autre objet : on le forme en plaçant l'article avant certains adverbes de comparaison comme **LE PLUS**, **LE MOINS**, **LE MEILLEUR**, etc. Paris est **LA PLUS** BELLE ville de France. « Etre aimé, c'est l'éloge **LE PLUS** BEAU qu'on puisse recevoir. »

Cette sorte de superlatif a toujours un substantif pluriel exprimé ou sous-entendu.

EXERCICE

Relatif aux adjectifs qualificatifs.

ORIGINE DES GAULOIS.

Après la GRANDE émigration des peuples, l'une de ces NOMBREUSES colonies d'Asie, poussée sans cesse par son génie AVENTUREUX, et rejetée de loin en loin au nord-ouest par d'autres peuples qui s'étaient déjà fixés des bords de la mer Caspienne à la mer Baltique, franchit enfin le Rhin, et pénétra dans la contrée que nous habitons aujourdh'hui, On dit peut-être sans fondement, que ces hommes portaient le nom de Gomériens, et qu'ils étaient issus de Gomer, l'un des fils de Japhet. L'histoire ne les connaît que sous le nom de Galls. C'est de là qu'est dérivé plus tard le nom GENERIQUE des Gaulois, appliqué par les historiens ROMAINS à toutes les tribus qui ont habité ces contrées.

INSTRUCTION MORALE.

Il est NATUREL à l'homme de s'aimer soi-même, d'aimer ses parens, ses amis, ses bienfaiteurs, sa patrie; de fuir la douleur, comme il est NATUREL de donner à son corps la nourriture qui le soutient ou le repos qui le délasse. Dans tout cela, on ne trouve que la VOIX de la nature ATTENTIVE à nos besoins, que des IMPRESSIONS UTILES qui se rapportent à notre bonheur ou à celui de nos semblables; en un mot, des PENCHANS NATURELS qu'il est de notre devoir de régler.

Si les PENCHANS NATURELS ne sont pas contenus dans de JUSTES BORNES, s'ils deviennent ARDENS, IMPERIEUX; s'ils sont poussés jusqu'à l'excès, ou s'ils nous portent vers des CHOSES ILLICITES; en un mot si les penchans sont déréglés de quelque manière, ils prennent le nom de *passions*, et notre devoir, c'est de les combattre.

Ainsi, c'est bien un PENCHANT LÉGITIME et DOUX que l'affection d'une mère pour ses enfans; mais, pour peu qu'elle écoute trop sa tendresse, elle aimera en eux jusqu'à leurs défauts et leurs vices, et son amour ne sera qu'une INDIGNE FAIBLESSE.

ADJECTIF QUALIFICATIF.

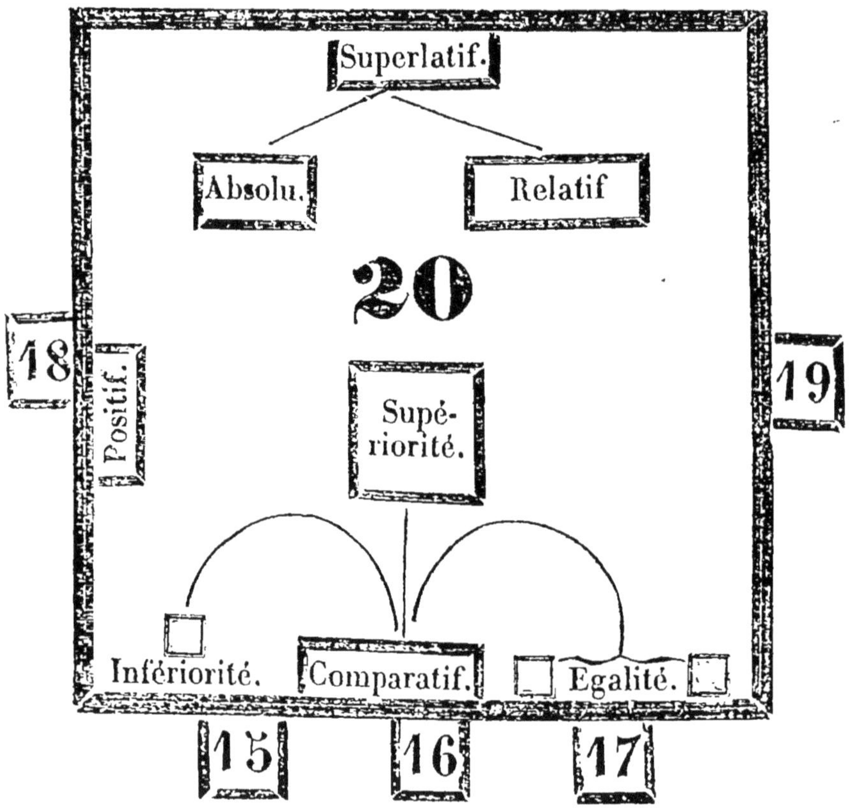

DU PRONOM.

QUATRIÈME PARTIE DU DISCOURS.

Le pronom, qui signifie mettre à la place du nom, est d'un très grand usage dans les langues; il rappelle l'idée du substantif ou d'un autre pronom; il répend dans le discours une certaine grâce qui donne plus de force à nos expressions et permet d'éviter des répétitions qui seraient dures et insupportables : *la* RHÉTORIQUE *a deux objets principaux*; ELLE *apprend à composer d'excellens* OUVRAGES; ELLE *apprend à* LES *goûter. Le goût, cette heureuse faculté de l'âme, n'est souvent chez l'homme que le fruit de l'étude et du travail.*

Dans cet exemple, ELLE et LES sont des pronoms; le mot *elle*, remplace *rhétorique*, et le mot *les* remplace *ouvrages*. On voit que le pronom prend le même genre et le même nombre du substantif.

PRONOM PERSONNEL.

21 Cette sorte de pronom est ainsi appelé parce qu'en général il tient la place des personnes, surtout ceux de la première et de la seconde personne.

PREMIÈRE PERSONNE.

Ce pronom tient la place de la personne qui parle : JE TRAVAILLE, NOUS TRAVAILLONS. Ces pronoms sont de tout genre. NOUS est toujours au pluriel.

SECONDE PERSONNE.

La seconde personne est celle à qui l'on parle : VOUS TRAVAILLEZ, TU ÉCRIS. Ces personnes sont aussi de tout genre. VOUS est de tout genre et de tout nombre. Par politesse on dit VOUS au lieu de TU : dans ce cas, *vous* est au singulier : VOUS ÊTES bien bon.

TROISIÈME PERSONNE.

La troisième personne est celle de qui l'on parle : ILS TRAVAILLENT, ELLES TRAVAILLERONT.

OBSERVATIONS.

Les mots *travaille*, *travaillons*, *travaillez*, *écris*, etc. sont des verbes qui s'accordent en nombre et en personne avec les mots *je*, *nous*, *vous*, etc. *Je* est le sujet de travaille, et *nous* celui de travaillons.

PRONOM PERSONNEL.

PREMIÈRE PERSONNE.

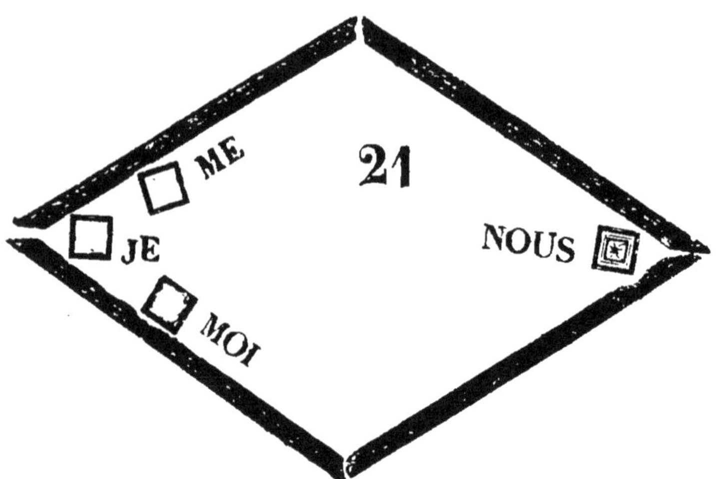

SECONDE PERSONNE.

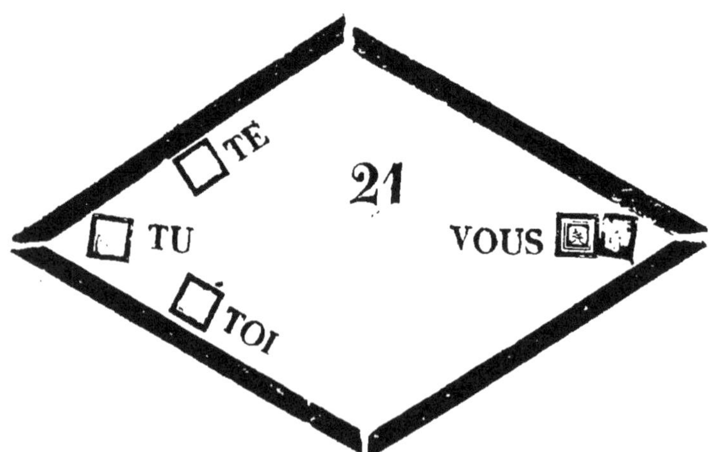

PRONOM PERSONNEL.

TROISIÈME PERSONNE.

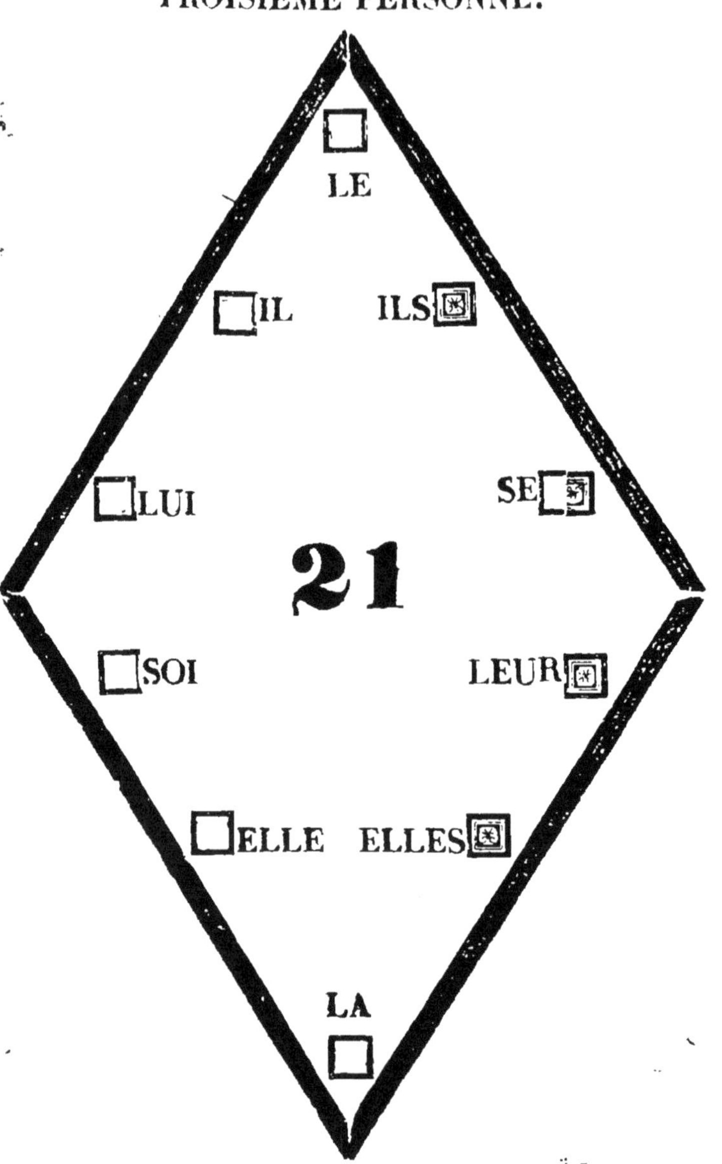

PRONOM DÉMONSTRATIF.

22. Cette sorte de pronom exprime une idée d'indication : CECI, CEUX-LÀ, CELLES-CI, etc. sont des pronoms démonstratifs : *la réflexion est la* VIE *de l'âme, comme le mouvement est* CELLE *du corps.*

PRONOM POSSESSIF.

23. Ce pronom tient la place d'un substantif qui appartient à d'autres : cette VIGNE est voisine de la VOTRE ; c'est comme si l'on disait, cette vigne est voisine de *votre vigne.* LE VOTRE, LE LEUR, LE SIEN, LA MIENNE, etc. sont des pronoms possessifs ; les VOTRES, les LEURS, etc. sont de tout genre.

PRONOM INDÉFINI.

24. Ce pronom exprime un sens vague et une idée générale : QUICONQUE parle sans avoir examiné ce qu'il dit s'expose à dire une chose pour UNE AUTRE ; l'homme ne semble fait, ni pour vivre seul, ni pour vivre avec LES AUTRES. Dire toujours ce que l'ON pense, est un défaut ; ne le dire jamais, est un vice ; dire ce qu'ON ne pense pas, est un crime.

PRONOM RELATIF.

25 Le pronom relatif tient la place des objets dont on a déjà parlé et a toujours un antécédant exprimé ou sous-entendu : *le* LIVRE QUE *nous avons acheté*, *que* est le pronom relatif et *livre* est son antécédent : CELUI QUI *prodigue son estime aux sots, la refuse ordinairement aux gens d'esprit ; il y a dans les amis une certaine* NÉGLIGENCE QUI *plaît, et une certaine* ATTENTION QUI *nous attriste.*

EXERCICE

Et récapitulation des cinq sortes de pronoms.

C'est un fait attesté par les annales des peuples anciens et modernes, que la CROYANCE d'une vie future a toujours été CELLE du monde entier. La superstition, les vices, l'ignorance ont bien pu LA dégrader ; mais ELLE est toujours restée dominante au milieu de toutes les nations du globe.

L'HOMME QUI soutient une ferme croyance en l'immortalité de l'âme est au-dessus de tous les coups du sort ; CE QUI peut LUI arriver de plus terrible C'est de mourir ; et que LUI importe la mort si son âme est immortelle.

PRONOM DEMONSTRATIF.

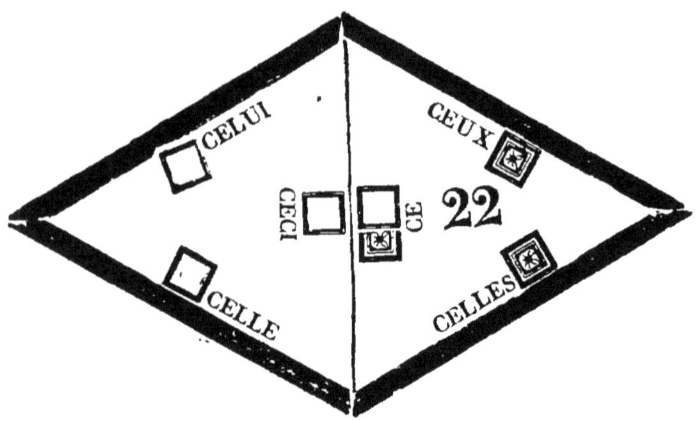

PRONOM POSSESSIF.

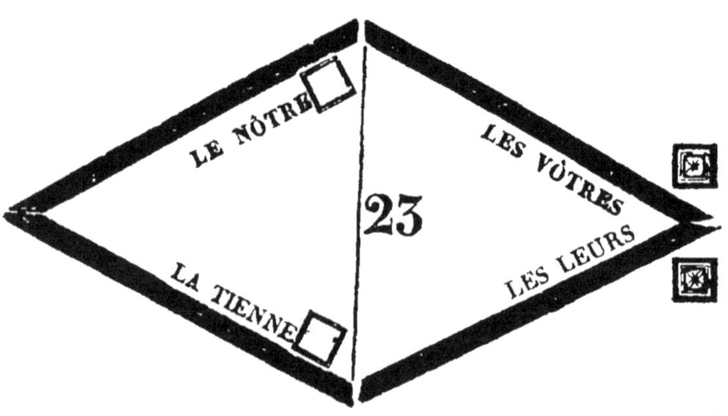

PRONOM INDEFINI

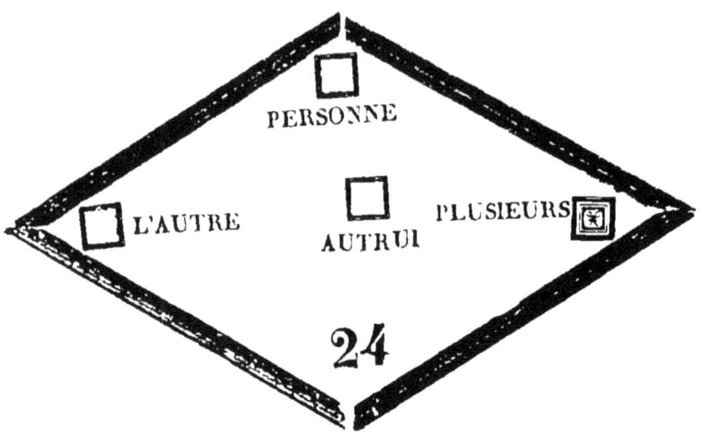

PRONOM RELATIF.

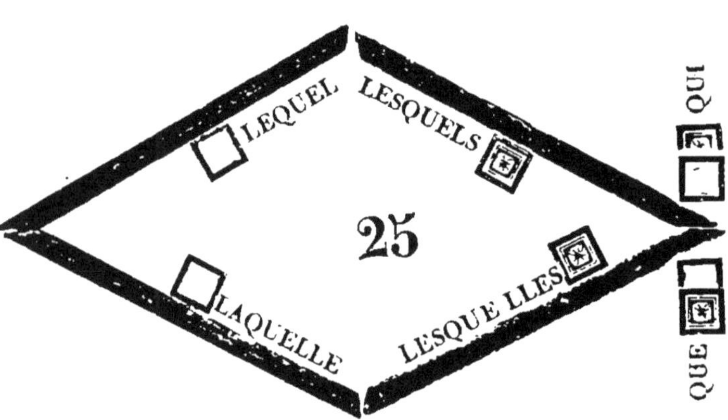

DU VERBE

CINQUIÈME PARTIE DU DISCOURS.

Le verbe est unique par l'étendue de ses propriétés.

Il est susceptible à recevoir certaines modifications et exprime toujours l'*état* ou l'*action* faite par le sujet.

Ce n'est que par son moyen que nous pouvons énoncer toutes nos idées : non seulement il en manifeste la manière et la forme, mais il marque encore le rapport qu'elles ont au passé, au présent et au futur; comme il est l'âme de tous nos discours et qu'il exprime la convenance ou la disconvenance, il est impossible d'énoncer une idée quelconque sans le secours du verbe; si quelquefois on le supprime ce n'est que pour donner plus de vivacité au discours. On connaît qu'un mot est un verbe lorsqu'on peut y joindre les mots *je*, *nous*, *vous*, etc. par exemple, *je* TRAVAILLE, *nous* TRAVAILLONS, *vous* TRAVAILLEZ, etc.

Il y a deux sortes de verbes : le verbe *composé* et le verbe *être*; *aimer*, *travailler*, etc. sont des verbes composés; en effet, il AIME est pour, il *est aimant*; il TRAVAILLE est pour, il *est travaillant*; ce sont comme on le voit des expressions abrégées composées de deux élémens. Le verbe *être* est aussi appelé verbe *substantif* et le verbe composé verbe *attributif*.

DU SUJET.

Le sujet est celui qui fait l'action. Un verbe quelconque a toujours un sujet exprimé ou sous-entendu : DIEU EST juste ; la lettre que NOUS AVONS ÉCRITE : DIEU est le sujet du verbe EST , et NOUS celui de AVONS ÉCRITE.

En général le sujet est exprimé ou par un *substantif*, où par un *pronom*, ou par le *présent de l'infinitif* : l'HOMME EST un être ; NOUS TRAVAILLONS ; PENSER EST un tourment.

DU COMPLEMENT.

Le complément a la propriété de former un sens complèt ; comme le verbe a nécessairement besoin d'un sujet pour donner une idée précise de l'action , réciproqnement il y a des verbes qui n'ont jamais un sens complêt s'ils n'ont pas de complément, ou quelquefois plusieurs complémens exprimés ou sous-entendus : nous AIMONS DIEU ; *Dieu* est le complément du verbe AIMONS. En général le complément est exprimé par un *substantif*, ou par un *pronom*, ou par *le présent de l'infinitif* : chacun TRAVAILLE pour son AVANTAGE ; il TRAVAILLE avec VOUS ; ils *ont achevé* de TRAVAILLER.

Il y a deux sortes de complémens : le complément *direct* et le complément *indirect*.

COMPLEMENT DIRECT.

Cette sorte de complément est ordinairement

placé après un verbe actif ou pris activement : nous AIMONS DIEU ; nous ÉCRIVONS une LETTRE. (*)

COMPLÉMENT INDIRECT.

Ce complément est toujours placé après une préposition : il TRAVAILLE *pour* ses PARENS.

DU NOMBRE.

Lorsque le sujet est au singulier, le verbe est au singulier : DIEU EST juste ; lorsque le sujet est au pluriel, le verbe est au pluriel : NOUS AVONS ÉCRIT une lettre.

DE LA PERSONNE.

Le verbe est à la première personne, ou à la seconde, ou à la troisième ; c'est-à-dire, que si le sujet est à la première personne, le verbe est aussi à la première personne, etc. JE TRAVAILLE, NOUS TRAVAILLONS, VOUS TRVAILLEZ : *travaille* est à la première personne au singulier parce que *je* est à la première personne et au singulier, etc.

DU MODE.

Le mode est la forme que prend le verbe pour indiquer de quelle manière on présente l'*affirmation* ou la *négation* : nous TRAVAILLONS, nous TRAVAILLERIONS, etc.; *travaillons*, est au mode de l'indicatif, et *travaillerions*, est au conditionnel.

(*) AIMER, RECEVOIR, etc. sont des verbes actifs, parce qu'on peut dire j'aime quelqu'un, j'aime quelque chose : DORMIR, au contraire, est un verbe neutre, parce qu'on ne peut pas dire je dors quelqu'un, etc.

CONJUGAISON

DU VERBE AUXILIAIRE

AVOIR.

PRÉSENT

DE L'INDICATIF.

Sing. J'ai
Tu as
Il a
Plur. Nous avons
Vous avez
Elles ont.

FUTUR ABSOLU.

J'aurai
Tu auras
Elle aura
Nous aurons
Vous aurez
Ils auront.

PASSÉ ABSOLU.

J'eus
Tu eus
Il eut
Nous eûmes
Vous eûtes
Elles eurent.

IMPARFAIT.

J'avais
Tu avais
Il avait
Nous avions
Vous aviez
Elles avaient.

PRÉSENT

DU CONDITIONNEL.

J'aurais
Tu aurais
Elle aurait
Nous aurions
Vous auriez
Ils auraient.

IMPÉRATIF.

Aie
Ayons
Ayez

PRÉSENT

DU SUBJONCTIF.

Que j'aie
Que tu aies
Qu'il ait
Que nous ayons
Que vous ayez
Qu'elles aient.

IMPARFAIT.

Que j'eusse
Que tu eusses
Qu'elle eût
Que nous eussions
Que vous eussiez
Qu'ils eussent

PRÉSENT
DE L'INFINITIF.

Avoir.

PARTICIPE PRÉSENT.

Ayant.

PARTICIPE PASSÉ.

Eu.

CONJUGAISON

DU VERBE AUXILIAIRE

ÊTRE.

PRÉSENT
DE L'INDICATIF.

Je suis
Tu es
Il est
Nous sommes
Vous êtes
Ils sont.

PASSÉ ABSOLU.

Je fus
Tu fus
Il fut
Nous fûmes
Vous fûtes
Ils furent.

FUTUR ABSOLU.

Je serai
Tu seras
Il sera
Nous serons
Vous serez
Ils seront.

IMPARFAIT.

J'étais
Tu étais
Il était
Nous étions
Vous étiez
Ils étaient.

PRÉSENT

DU CONDITIONNEL.

Je serais
Tu serais
Il serait
Nous serions
Vous seriez
Ils seraient.

IMPÉRATIF.

Sois
Soyons
Soyez.

PRÉSENT

DU SUBJONCTIF.

Que je sois
Que tu sois
Qu'il soit
Que nous soyons
Que vous soyez
Qu'ils soient.

IMPARFAIT.

Que je fusse
Que tu fusse
Qu'il fût
Que nous fussions
Que vous fussiez
Qu'ils fussent.

PRÉSENT

DE L'INFINITIF.

Être.

PARTICIPE PRÉSENT.

Étant.

PARTICIPE PASSÉ.

Été. (*)

(*) Nous avons cru pouvoir nous dispenser de conjuguer le Passé Indéfini, le Futur Antérieur, le Passé Antérieur, le Plus-que-parfait, etc. parce qu'en connaissant les temps simples, on peut facilement connaître les temps composés : par exemple, le Passé Indéfini est formé du Présent du même Mode et du Participe Passé : j'AI EU, tu AS EU, il A EU, Nous AVONS EU, etc. ; donc en ajoutant le Participe Passé d'un verbe quelconque et le verbe AVOIR ou le verbe ETRE, on obtient tous les temps composés qui existent dans toutes les conjugaisons : Nous AVONS CHANTÉ, ils ONT FINI, etc.

VERBES RÉGULIERS

PREMIÈRE CONJUGAISON

en **ER**.

PRÉSENT

DE L'INDICATIF.

Je chante
Tu chantes
Il chante
Nous chantons
Vous chantez
Elles chantent.

FUTUR ABSOLU.

Je chanterai
Tu chanteras
Elle chantera
Nous chanterons
Vous chanterez
Ils chanteront.

PASSÉ ABSOLU.

Je chantai
Tu chantas
Il chanta
Nous chantâmes
Vous chantâtes
Elles chantèrent.

IMPARFAIT.

Je chantais
Tu chantais
Elle chantait
Nous chantions
Vous chantiez
Ils chantaient.

PRÉSENT

DU CONDITIONNEL.

Je chanterais
Tu chanterais
Elle chanterait
Nous chanterions
Vous chanteriez
Ils chanteraient.

IMPÉRATIF.

Chante
Chantons
Chantez.

PRÉSENT

DU SUBJONCTIF.

Que je chante
Que tu chantes
Qu'il chante
Que nous chantions
Que vous chantiez
Qu'elles chantent.

IMPARFAIT.

Que je chantasse
Que tu chantasses
Qu'elle chantât.
Que nous chantassions
Que vous chantassiez
Qu'ils chantassent.

PRÉSENT

DE L'INFINITIF.

Chanter.

PARTICIPE PRÉSENT.

Chantant.

PARTICIPE PASSÉ.

Chanté.

Les verbes *Aimer*, *Demander*, *Sauter*, *Frapper*, *Porter*, *Parler*, etc. ont pour modèle le verbe chanter.

Nous AIMONS, nous CHANTONS, sont des verbes réguliers, parce qu'ils ont la même terminaison; au contraire je VAIS, ils VONT, sont irréguliers, parce qu'ils n'ont pas la même terminaison des mots j'AIME, ils AIMENT qui servent de modèle aux mots je *vais* ils *vont*.

SECONDE CONJUGAISON

en **IR**.

PRÉSENT

DE L'INDICATIF.

J'avertis.
Tu avertis
Il avertit
Nous avertissons
Vous avertissez
Elles avertissent.

FUTUR ABSOLU.

J'avertirai.

Tu avertiras
Elle avertira
Nous avertirons
Vous avertirez
Ils avertiront.

PASSÉ ABSOLU.

J'avertis
Tu avertis
Il avertit
Nous avertîmes
Vous avertîtes
Ils avertirent.

IMPARFAIT.

J'avertissais
Tu avertissais
Il avertissait
Nous avertissions
Vous avertissiez
Ils avertissaient.

PRÉSENT

DU CONDITIONNEL.

J'avertirais
Tu avertirais
Il avertirait.
Nous avertirions
Vous avertiriez.
Ils avertiraient.

IMPÉRATIF.

Avertis
Avertissons
Avertissez.

PRÉSENT

DU SUBJONCTIF.

Que j'avertisse
Que tu avertisses
Qu'il avertisse
Que nous avertissions.
Que vous avertissiez
Qu'ils avertissent.

IMPARFAIT.

Que j'avertisse
Que tu avertisses
Qu'il avertît
Que nous avertissions
Que vous avertissiez
Qu'elles avertissent.

PRÉSENT

DE L'INFINITIF.

Avertir.

PARTICIPE PRÉSENT.

Avertissant.

PARTICIPE PASSÉ.

Averti.

Ainsi se conjugent les verbes *Finir*, *Guérir*, *Enseveclir*, *Unir*, etc.

TROISIÈME CONJUGAISON

en **OIR**.

PRÉSENT

DE L'INDICATIF.

J'aperçois
Tu aperçois
Il aperçoit
Nous apercevons
Vous apercevez
Ils aperçoivent.

FUTUR ABSOLU.

J'apercevrai
Tu apercevras
Il apercevra
Nous apercevrons
Vous apercevrez
Ils apercevront.

PASSÉ ABSOLU.

J'aperçus
Tu aperçus
Il aperçut
Nous aperçûmes
Vous aperçûtes
Ils aperçurent.

IMPARFAIT

J'apercevais
Tu apercevais
Elle apercevait
Nous apercevions
Vous aperceviez
Ils apercevaient.

PRÉSENT

DU CONDITIONNEL

J'apercevrais
Tu apercevrais
Il apercevrait
Nous apercevrions
Vous apercevriez
Elles apercevraient.

IMPÉRATIF.

Aperçois
Apercevons
Apercevez.

PRÉSENT

DU SUBJONCTIF.

Que j'aperçoive
Que tu aperçoives
Qu'elle aperçoive
Que nous apercevions
Que vous aperceviez
Qu'ils aperçoivent.

IMPARFAIT

Que j'aperçusse
Que tu aperçusses

Qu'il aperçut
Que nous aperçussions
Que vous aperçussiez
Qu'elles aperçussent.

PRÉSENT
DE L'INFINITIF

Apercevoir.

PARTICIPE PRÉSENT.

Apercevant.

PARTICIPE PASSÉ.

Aperçu.

Ainsi se conjuguent les verbes *Recevoir*, *Concevoir*, *Devoir*, *Percevoir*, etc.

QUATRIÈME CONJUGAISON

en **RE.**

PRÉSENT
DE L'INDICTIF.

Je suspends
Tu suspends
Elle suspend
Nous suspendons
Vous suspendez
Ils suspendent.

FUTUR ABSOLU.

Je suspendrai
Tu suspendras
Il suspendra
Nous suspendrons
Vous suspendrez
Ils suspendront.

PASSÉ ABSOLU.

Je suspendis
Tu suspendis
Elle suspendit
Nous suspendîmes
Vous suspendîtes
Ils suspendirent.

IMPARFAIT.

Je suspendais
Tu suspendais
Il suspendait
Nous suspendions
Vous suspendiez
Elles suspendaient.

PRÉSENT

DU CONDITIONNEL.

Je suspendrais
Tu suspendrais
Il suspendrait
Nous suspendrions
Vous suspendriez
Elles suspendraient.

IMPÉRATIF.

Suspends
Suspendons
Suspendez.

PRÉSENT

DU SUBJONCTIF.

Que je suspende
Que tu suspendes
Qu'il suspende
Que nous suspendions
Que vous suspendiez
Qu'elles suspendent.

IMPARFAIT.

Que je suspendisse
Que tu suspendisses
Qu'elle suspendît
Que nous suspendissions
Que vous suspendissiez
Qu'ils suspendissent.

PRÉSENT

DE L'INFINITIF.

Suspendre.

PARTICIPE PRÉSENT.

Suspendant.

PARTICIPE PASSÉ.

Suspendue.

Ainsi se conjuguent les verbes *Attendre*, *Rendre*, etc.

INDICATIF.

Ce mode exprime l'affirmation d'une manière positive et indépendante de notre action : NOUS TRAVAILLONS à présent, ELLES CHANTERONT demain.

PRÉSENT DE L'INDICATIF.

26. Ce temps exprime que l'on fait une action

à l'instant de la parole : NOUS TRAVAILLONS, ELLES TRAVAILLENT, etc.

FUTUR ABSOLU.

27. Ce temps exprime que l'action se fera dans l'avenir : ELLES CHANTERONT demain, NOUS TRAVAILLERONS.

PASSÉ ABSOLU.

28. Ce temps exprime que l'action a eu lieu dans un temps qui est absolument écoulé : hier NOUS TRAVAILLAMES chez vous, JE CHANTAI, ELLE CHANTA.

IMPARFAIT.

29. Ce temps exprime une action passée relative à l'époque où l'on parle : NOUS PARLIONS hier, ELLE CHANTAIT ce matin.

CONDITIONNEL.

Le conditionnel présente l'affirmation sous l'idée d'une condition ou d'une supposition : NOUS TRAVAILLERIONS *si* NOUS ETIONS contens.

PRÉSENT.

30. Ce temps sert également pour exprimer une action qui aurait lieu actuellement ou dans l'avenir : NOUS TRAVAILLERIONS aujourd'hui ou demain, etc.

IMPÉRATIF.

31. Ce mode exprime que l'on commande à faire une action : TRAVAILLE, TRAVAILLONS, CHANTEZ, PARLE, ECOUTE, etc.

Ce temps n'a point de première personne ni de troisième au singulier, ni de troisième au pluriel et le sujet est sous-entendu.

SUBJONCTIF.

Le subjonctif dépend toujours d'un autre verbe, dont le sens exprime ou le *doute*, ou la *crainte*, ou le *désir* : *je* DOUTE qu'*il* OSE chanter.

PRÉSENT.

32. Ce temps exprime tantôt le présent et tantôt le futur : *je* DOUTE ou *je* DÉSIRE qu'*ils* REUSSISSENT, *je* DOUTE qu'*elle* CHANTE à présent ou demain.

IMPARFAIT.

33. L'imparfait exprime tout-à-la-fois un passé absolu et un présent relatif : *on* VOULAIT que *je* TRAVAILLASSE, etc.

INFINITIF.

L'infinitif ou mode impersonnel exprime une action comme tous les autres modes, mais il n'a aucun rapport ni aux temps, ni aux nombres ni aux personnes, et exprime d'une manière vague et générale l'objet qui fait l'action : TRAVAILLER avec goût, etc.

PRÉSENT DE L'INFINITIF.

34. Ce temps exprime un sens vague : PENSER est un tourment.

OBSERVATIONS.

C'est à ce temps que l'on reconnait les quatre conjugaisons : la première est terminée en ER, la seconde en IR, la troisième en OIR, et la quatrième en RE ; comme AIMER, FINIR, RECEVOIR, ÉCRIRE.

PARTICIPE PRÉSENT.

35. Ce temps est invariable parce qu'il est toujours terminé par ANT, comme AIMANT, RECEVANT, FINISSANT, TRAVAILLANT, etc.

PARTICIPE PASSÉ.

36. Ce temps a plusieurs terminaisons : NOUS AVONS TRAVAILLÉ, ELLES SONT AIMÉES, ELLE EST AIMÉE, ILS sont AIMÉS.

EXERCICE

Relatif aux temps SIMPLES et aux temps COMPOSÉS

CARACTÈRE DES FRANCS.

De tous les peuples d'origine germanique, les Francs ÉTAIENT les plus audacieux et les plus fiers ; leur confédération, *formée* de tribus d'origine diverse , *était* étroitement *unie* par l'instinct de la conquête et le besoin d'AFFERMIR leur indépendance; la guerre ETAIT leur élément, la paix leur SEMBLAIT une calamité. Ils ETAIENT vrais , de mœurs simples, hospitâliers, généreux dans leurs haines particulières, mais implacables et souvent féroces dans leurs hostilités. Tous RIVALISAIENT d'audace : le plus téméraire *était* le plus *estimé*. Vainqueurs, ils POURSUIVAIENT l'ennemi sans relâche; *vaincus* , ils REVENAIENT impétueusement à la charge ; et si l'on ATTAQUAIT une de leurs tribus , vingt autres ACCOURAIENT pour la VENGER.

Parmi toutes les tribus des Francs, celle des Saliens ETAIT la plus redoutable; elle éclipsa toutes les autres par sa valeur, car elle les CONDUISIT à la conquête des Gaules et leur DONNA ensuite ses rois.

INDICATIF

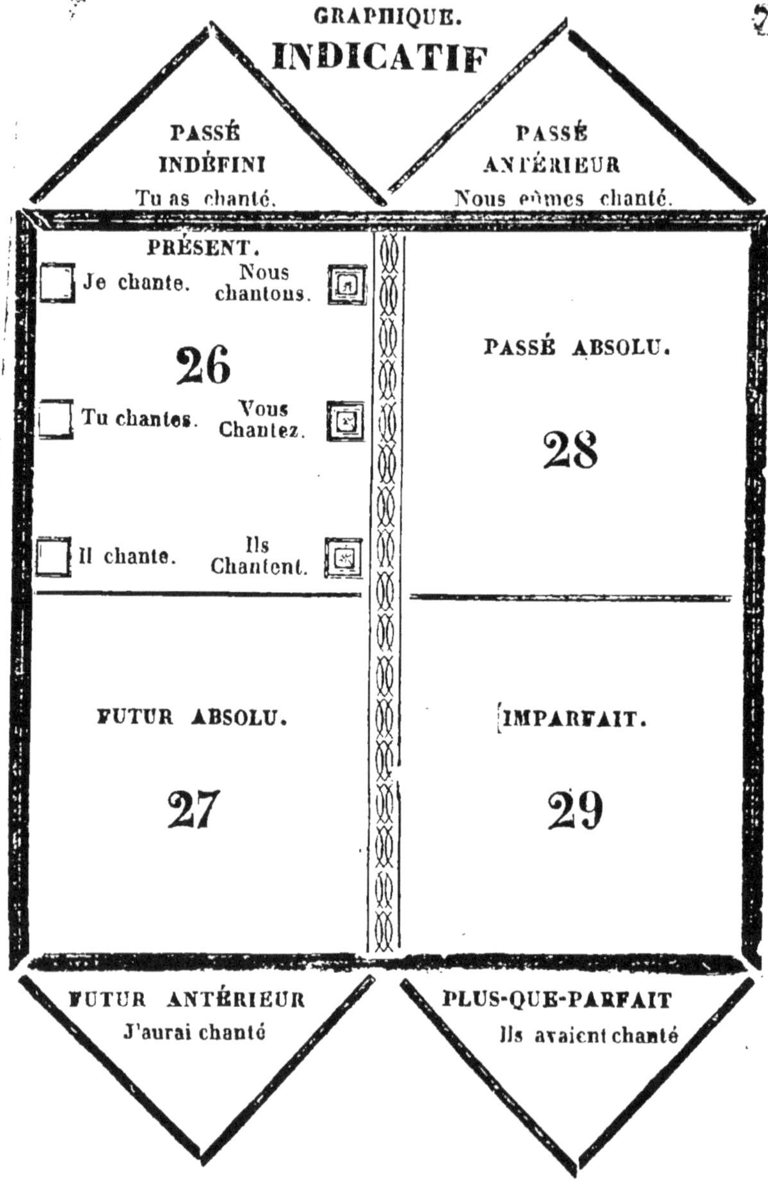

PASSÉ INDÉFINI
Tu as chanté.

PASSÉ ANTÉRIEUR
Nous eûmes chanté.

PRÉSENT.

Je chante. Nous chantons.

26

Tu chantes. Vous Chantez.

Il chante. Ils Chantent.

PASSÉ ABSOLU.

28

FUTUR ABSOLU.

27

IMPARFAIT.

29

FUTUR ANTÉRIEUR
J'aurai chanté

PLUS-QUE-PARFAIT
Ils avaient chanté

CONDITIONNEL.

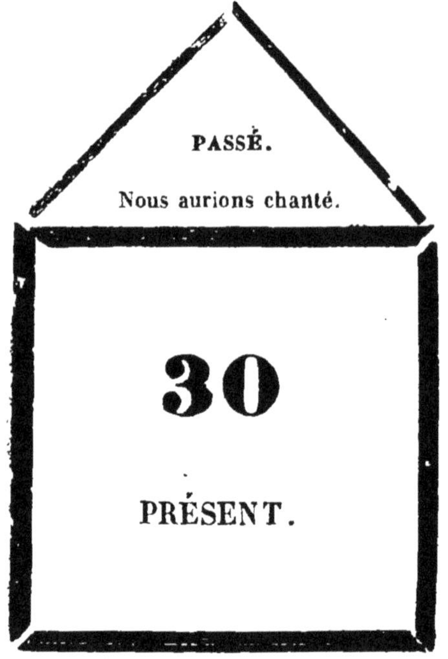

IMPERATIF.

SUBJONCTIF.

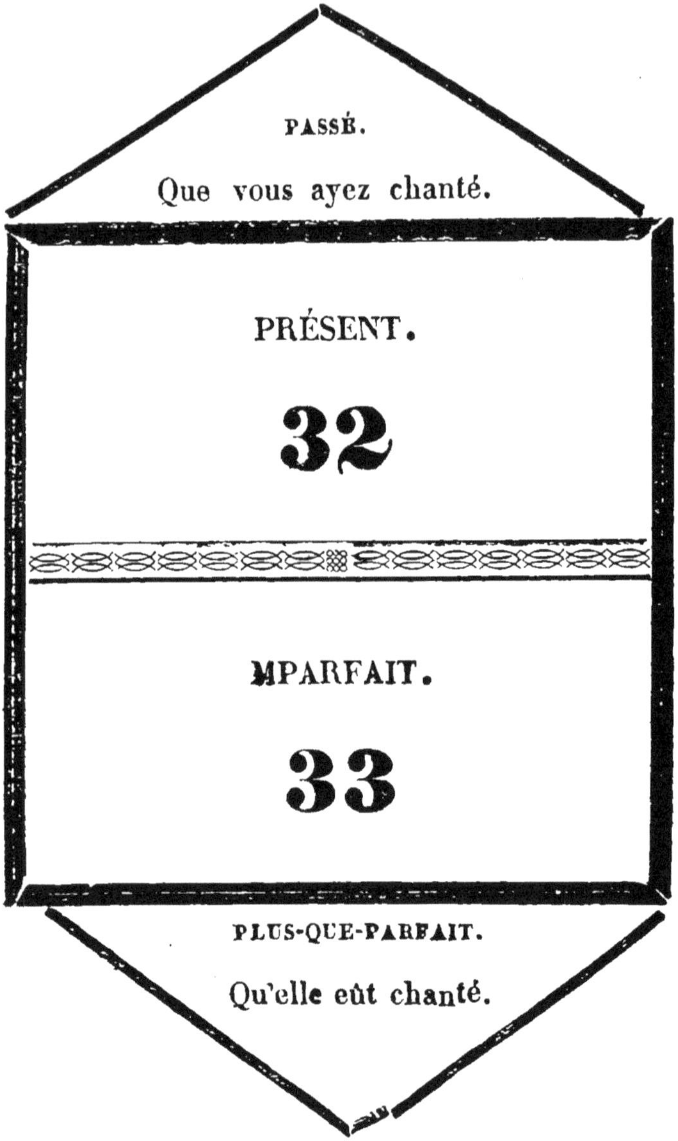

PASSÉ.

Que vous ayez chanté.

PRÉSENT.

32

MPARFAIT.

33

PLUS-QUE-PARFAIT.

Qu'elle eût chanté.

INFINITIF.

PASSÉ
DE L'INFINITIF
Avoir chanté.
RE IR
34
PRÉSENT.
Chanter.
OIR RE
PARTICIPE PRÉSENT.
35
Chantant.
PARTICIPE PASSÉ.
36
Chanté.
PASSÉ
DU PARTICIPE
Ayant chanté.

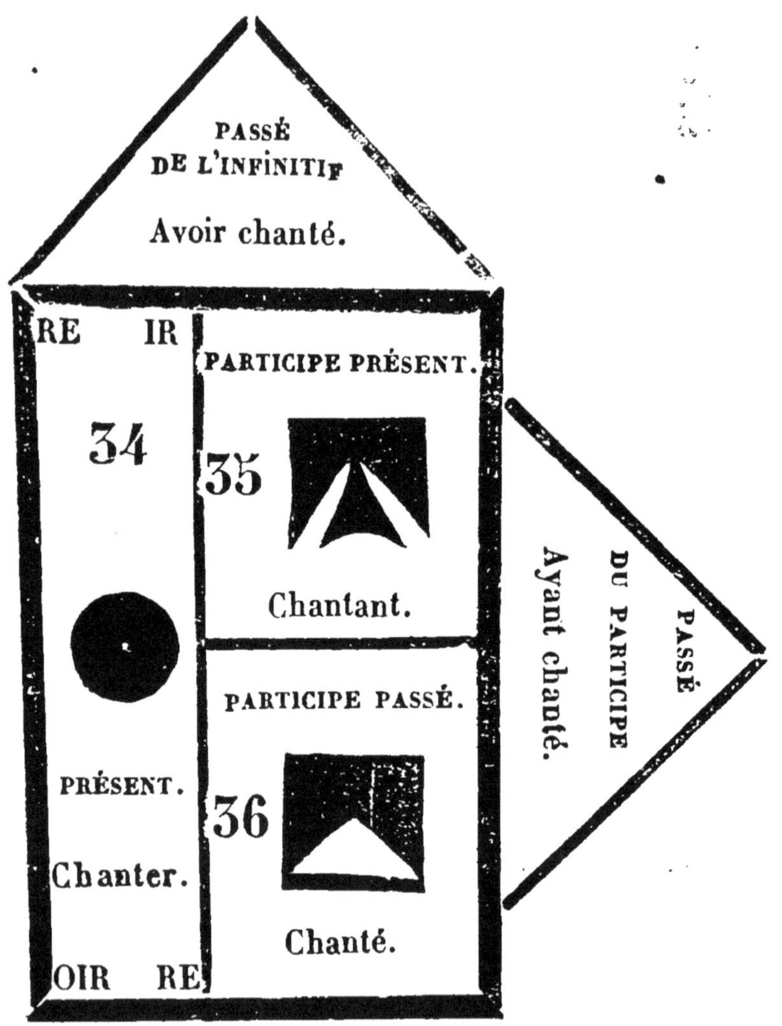

DU PARTICIPE.

SIXIÈME PARTIE DU DISCOURS.

Cette partie du discours est ainsi appelée parce qu'elle participe de la nature du verbe et de celle de l'adjectif : à l'égard du verbe, elle en a la même signification et le même complément, et à l'égard de l'adjectif, elle exprime une qualité.

37. Il est très essentiel de ne pas confondre le Participe PRESENT avec l'adjectif VERBAL; celui-ci exprime la manière d'être et s'accorde en genre et en nombre avec le mot auquel il se rapporte ; le Participe Présent au contraire, exprime une action et il est toujours invariable.

ADJECTIF VERBAL.	PARTICIPE PRÉSENT.
Les ESPRITS bas et RAMPANS ne s'élèvent jamais au sublime.	Ils vont RAMPANT devant les grands pour devenir insolens devant leurs égaux.

38. Lorsque le Participe Passé est conjugué avec le verbe *être*, il s'accorde en genre et en nombre avec le sujet : IL *est* AIMÉ, ELLES *sont* AIMEES, etc.

39. Le Participe Passé est invariable l'orsqu'il est conjugué avec le verbe *avoir* et qu'il n'a point de complément direct : ELLES *ont* AIMÉ, ILS *ont* AIMÉ, etc.

40. Le Participe conjugué avec le verbe *avoir*

reste invariable lorsque le complément direct est placé après le participe : ILS *ont* AIME *leurs parens*, ELLES *ont* AIME *leurs parens*.

41. Le Participe conjugué avec le verbe *avoir* s'accorde avec le complément direct lorsque celui-ci est placé avant le participe : la lettre QUE *j'ai* REÇUE ; les lettres QUE nous *avons* REÇUES.

42. Tout Participe qui n'est accompagné ni du verbe *avoir*, ni du verbe *être* peut être considéré comme adjectif, et s'accorde toujours en genre et en nombre avec le mot auquel il se rapporte : les grandes fautes du langage décèlent une profonde ignorance des principes de notre langue, et par là-même, une ÉDUCATION NÉGLIGÉE qui ne peut donner qu'une idée peu favorable de la personne qui écrit.

EXERCICE.

PARTICIPE PRÉSENT.

Une montagne DOMINANT sur une plaine immense ; une femme SUPPLIANT les juges; cette femme est sage et CRAIGNANT Dieu.

ADJECTIFS VERBAUX.

L'ambition est sa PASSION DOMINANTE : cette PERSONNE est SUPPLIANTE : ce sont des EFFETS SURPRENANS et des AVENTURES SURPRENANTES.

PARTICIPE PASSÉ.

Ma MÈRE est AIMÉE, votre PÈRE est AIMÉ; mes FRÈRES sont AIMÉS ; mes FRÈRES ont CHASSÉ, ILS auraient CHANTÉ *une romance*.

PARTICIPE PRÉSENT.

PARTICIPE PASSE

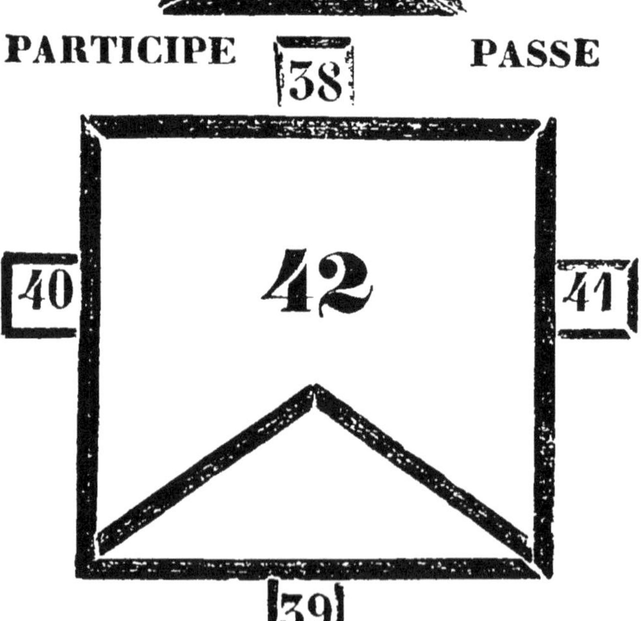

DE LA PRÉPOSITION.

SEPTIÈME PARTIE DU DISCOURS.

Les prépositions sont des mots invariables qui servent à exprimer les différens rapports que les choses ont les unes aux autres.

Les prépositions sont simples ou composées; elles sont simples lorsqu'elles sont formées par un seul mot, comme POUR, CONTRE, ENVERS, etc. elles sont composées lorsqu'elles sont formées de plusieurs mots, comme A CAUSE DE, EN FAVEUR DE, etc.

Cette partie du discours ne forme un sens qu'autant qu'elle est suivie d'un complément exprimé ou sous-entendu : je travaille, AVEC *vous*, *vous* est le complément de la préposition *avec*

PRÉPOSITIONS
Qui marquent l'Ordre.

43. AVANT, APRÈS, OUTRE, DEPUIS, DÈS, etc. : il marchera DEVANT moi.

PRÉPOSITIONS
Qui marquent le Lieu.

44. PARMI, DANS, CHEZ, SOUS, VERS, EN, DEVANT, etc. : il est DANS ce jardin.

PRÉPOSITIONS
Qui marquent la Séparation.

45. SANS, HORS, EXCEPTÉ, HORMIS, etc. ; un homme SANS mœurs ne peut être qu'un mauvais citoyen.

PRÉPOSITIONS

Qui marquent l'Opposition.

46. CONTRE, MALGRÉ, LOIN DE, NONOBSTANT, etc. : ô patience ! tu es l'amie la plus généreuse des hommes ; pendant la prospérité tu restes LOIN DE nous, et tu nous offres toujours ton aide lorsque le poids du malheur nous accable !

PRÉPOSITIONS

Qui marquent le But.

47. ENVERS, A L'ÉGARD DE, POUR, etc. : je travaille POUR vous.

OBSERVATIONS.

Il arrive souvent qu'une même préposition exprime des rapports différens ; A exprime tantôt un rapport de lieu et tantôt un rapport de temps : il est A Paris, il est arrivé A six heures. DE exprime tantôt le lieu et tantôt l'état, etc. : il est sorti DE chez lui, il est DE mauvaise humeur.

EXERCICE.

L'homme seul possède la faculté DE communiquer ses pensées PAR la parole, ou PAR DES signes DE convention, c'est A ces facultés qu'il doit tous ses progrès DANS les siences et les arts, parce que la gradation DES progrès dépendent DE leur communication et DE leur continuation, et qu'ils seraient comme n'existant pas SANS le moyen DE les décrire AUX contemporains et DE les transmettre PAR la presse A la postérité.

DE L'ADVERBE,

HUITIÈME PARTIE DU DISCOURS.

L'adverbe augmente ou diminue la signification du verbe ; il modifie aussi l'adjectif et même d'autres adverbes : il TRAVAILLE BEAUCOUP, elle est TRÈS SAGE, vous marchez BIEN DOUCEMENT.

En général, cette partie du discours n'a pas de complément ; cependant il faut en excepter certains adverbes de *manière* ; comme INDÉPENDAMMENT, RELATIVEMENT, etc.

ADVERBES QUI MARQUENT L'ORDRE.

48. PREMIÈREMENT, AVANT, APRÈS, DE SUITE, ENSUITE, ENSEMBLE, ENFIN, EN FOULE, etc.

ADVERBES DE LIEU.

49. DEHORS, DEVANT, DEDANS, OÙ, LÀ, EN HAUT, etc.

ADVERBES DE TEMPS.

50. JADIS, HIER, AUTREFOIS, AUPARAVANT, ANCIENNEMENT, NOUVELLEMENT, L'AUTRE JOUR, MAINTENANT, A L'INSTANT, etc.

ADVERBES DE QUANTITÉ.

51. ASSEZ, TROP, TANT, GUÈRE, PEU,

BEAUCOUP, DU TOUT, FORT, TRÈS, d'AVANTAGE, etc.

ADVERBES DE MANIÈRE.

La plupart de ces adverbes sont formés des adjectifs.

52. BIEN, FORT MAL, NI BIEN NI MAL, A MERVEILLE, MODESTEMENT, POLIMENT, VRAIMENT, etc.

EXERCICE.

La grande règle, dans l'art d'écrire, c'est de BIEN méditer D'ABORD le sujet que nous voulons traiter. Il est impossible d'exprimer avec clarté ce que l'on N'a PAS D'ABORD BIEN conçu.

Mettons de la clarté dans la suite de nos idées, énonçons-les avec ordre, marchons de conséquence en conséquence, et évitons SURTOUT ces phrases monstrueuses qui N'offrent au lecteur embarrassé qu'une longue suite inutile de mots vides de sens.

Evitons les termes affectés, les proverbes vulgaires, les formes étrangères, faisons un choix d'expressions A LA FOIS nobles et énergiques, et SURTOUT, étudions SOUVENT les grands écrivains.

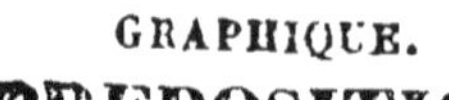

PREPOSITION

ADVERBE

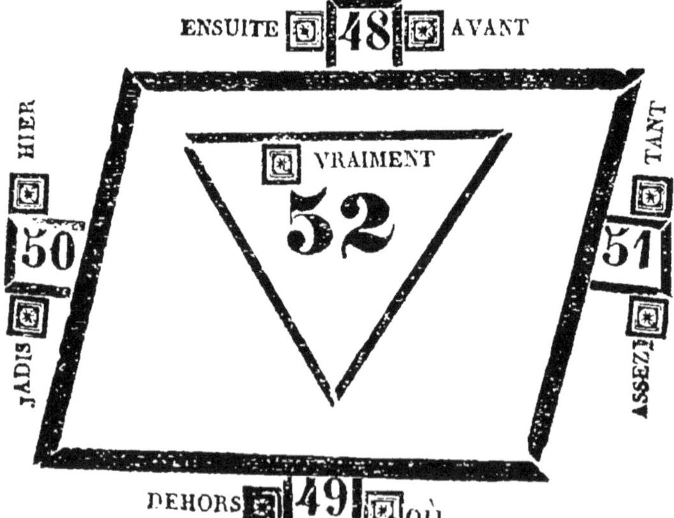

DE LA CONJONCTION

NEUVIÈME PARTIE DU DISCOURS.

La Conjonction a la propriété d'unir nos pensées et n'ajoute par elle-même aucune idée que celle de la liaison particulière que l'on a dans l'esprit; par exemple quand on dit : *nous serions heureux* SI NOUS SAVIONS RÉPRIMER NOS PASSIONS; SI est une conjonction qui unit la seconde idée avec la première.

Les conjonctions ET, OU, NI, MAIS, COMME, QUE, semblent quelquefois ne joindre que deux mots; cependant elles lient réellement deux propositions : la douceur ET la modestie captivent tous les cœurs; c'est comme si l'on disait, la douceur captive tous les cœurs et la modestie captive tous les cœurs.

CONJONCTIONS ADVERSATIVES.

53. Ces Conjonctions marquent une certaine opposition dans le second membre de la phrase : MAIS, CEPENDANT, NEANMOINS, POURTANT, TOUTEFOIS, BIEN QUE, etc. : *on peut bien imiter la vertu, le courage*, MAIS *on ne peut parfaitement imiter le naturel.*

CONJONCTIONS CONCESSIVES.

54. A LA VÉRITÉ, QUAND MÊME, A LA BONNE HEURE, QUAND, QUOIQUE,

etc. Ces Conjonctions servent à marquer que l'on demeure d'accord sur quelque chose : QUAND MÊME cela serait vrai, vous ne devriez pas le dire.

CONJONCTIONS EXPLICATIVES.

55. On se sert de ces sortes de Conjonctions pour expliquer ce qu'on vient de dire : SAVOIR, COMME, C'EST-A-DIRE, COMME PAR EXEMPLE, etc.

CONJONCTIONS CONCLUSIVES.

56. Ces Conjonctions marquent la conclusion d'un discours pour en tirer une conséquence : OR, DONC, PAR CONSÉQUENT, AINSI, C'EST POURQUOI, C'EST POUR CELA QUE, TELLEMENT QUE, etc.

CONJONCTIONS CAUSATIVES.

57. Ces sortes de Conjonctions servent à marquer la raison pourquoi on a fait quelque chose : CAR, COMME, PARCE QUE, etc. COMME vous n'avez obéi qu'à l'honneur, soyez ferme dans l'infortune.

EXERCICE.

Dès le commencement du règne de Louis XVI, les revenus de l'Etat ne pouvaient suffire aux dépenses de la guerre; la guerre avait encore augmenté les dettes; il fallait recourir à de nouveaux moyens pour combler le déficit. Pour y parvenir, on assembla les notables en 1787; MAIS ils se séparèrent sans avoir rien conclu; ENFIN, en 1789, le Roi se vit contraint de convoquer les Etats-Généraux, assemblées que l'on avait supprimées depuis le règne de Louis XIII.

La mésintelligence éclata contre les différens ordres. Le clergé ET la noblesse voulaient QUE chaque ordre délibérât séparément, ET QUE nulle loi ne pût être portée sans le consentement de chacun des ordres. Les députés du tiers, dirigés surtout par l'éloquent Mirabeau, s'opposèrent à cette forme, malgré le commandement du roi lui-même : ils jurèrent de ne se séparer QU'après avoir donné une constitution à la France, ET forcèrent la noblesse ET le clergé à se réunir avec eux pour ne plus former QU'une même chambre, sous le nom d'Assemblée nationale OU Assemblée constituante. La révolution fut dès-lors commencée.

DE L'INTERJECTION

DIXIÈME PARTIE DU DISCOURS.

L'interjection exprime les divers sentimens de l'âme; quoiqu'elle ne soit qu'un cri de la nature, il y a cependant des interjections qui expriment des sentimens de JOIE, de DOULEUR, de TRISTESSE, etc.

INTERJECTIONS QUI EXPRIMENT LA JOIE.

58. AH! BON! etc.

INTERJECTIONS QUI EXPRIMENT LA SURPRISE.

59. OH! BON DIEU! etc.

INTERJECTIONS QUI EXPRIMENT LA DOULEUR.

60. AHI! AH! etc.

CONJONCTION.

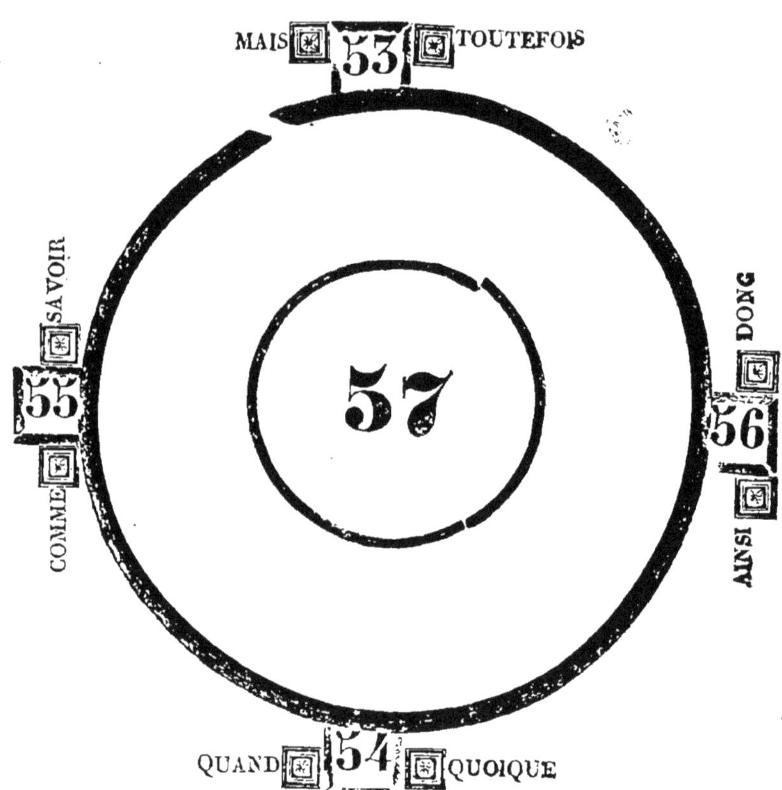

INTERJECTION.

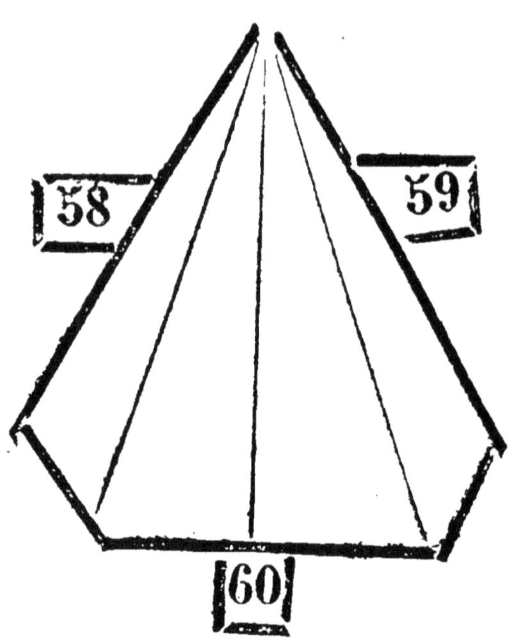

FIN.

ERRATA.

Page 24, 9me ligne, au lieu de lire Mahomet LES réunit, *lisez* les réunit, le mot *les* en minuscules et non en capitales.

Même page, 22me ligne, au lieu de lire D'Orient, *lisez* d'Orient le *d* doit être minuscule et non majuscule.

Page 29, au lieu de lire ADJECTIE Possessif *lisez* ADJECTIF Possessif,

Page 64 à la 2me ligne de l'imparfait du subjonctif, au lieu de lire Que tu fusse, *lisez* Que tu fusses.

Page 74, 17me ligne, au lieu de lire éclipsa *lisez* ECLIPSA.

www.ingramcontent.com/pod-product-compliance
Ingram Content Group UK Ltd.
Pitfield, Milton Keynes, MK11 3LW, UK
UKHW021552260726
13993UKWH00002B/795

Dr MOUSSA KHAN
*Élève de l'École
du Service de Santé Militaire de Lyon
Médecin Stagiaire au Val-de-Grâce*

Contribution à l'Étude hygiénique des Nouveaux Appareils de Chauffage Sans tuyau de dégagement

A. STORCK et Cie
Lyon